ISBN 10: 0996569472

ISBN 13: 978-0-9965694-7-7

Published by Opportune Independent Publishing Co.

Illustration by Keira LaRaque

Printed in the United States of America

For permission requests, write to the publisher, addressed "Attention: Permissions Coordinator," at the address below.

info@opportunepublishing.com

www.opportunepublishing.com

Disclaimer

Although the author and publisher have made every effort to ensure that the information in this book was correct at press time, the author and publisher do not assume and hereby disclaim any liability to any party for any loss, damage, or disruption caused by errors or omissions, whether such errors or omissions result from negligence, accident, or any other cause.

Dedication

I would like to dedicate Hattie's Journey Coloring & Activity Book to all my Hattie's Journey supporters. Keep traveling through your journey!

Hattie's Journey Coloring & Activities book is based off the Hattie's Journey book authored by Dr. Felicia Williams - McGowan. Hattie's Journey, a children's book provided a child's view on her journey through kidney failure. The coloring & activity book provides a closer look at the details shared in the look through pictures and fun pages.

Decode The Secret Message

A	B	C	D	E	F	G	H	I	J	K	L	M	N	O	P	Q	R	S	T	U	V	W	X	Y	Z
1	2	3	4	5	6	7	8	9	10	11	12	13	14	15	16	17	18	19	20	21	22	23	24	25	26

— — — — — —
8 1 20 20 9 5

— — — — —
12 15 22 5 19

— — —
8 5 18

— — — — — —
6 1 13 9 12 25

— — —
1 14 4

— — — — — — —
6 18 9 5 14 4 19

Parents getting lab work done to help
Hattie.

Fill In The Missing Letters

1. Kid_e_

2. Tr_ns_l_nt

3. Do_t_r

4. Nu_s_

5. S_h_o_

6. _a_ily

7. J__rn_y

8. _os__ta_

Unscramble The Words

gbidrgs   _____

esnur tiltle   _____

themor   _____

hspiolta   _____

Hattie and her friends.

Decode The Secret Message

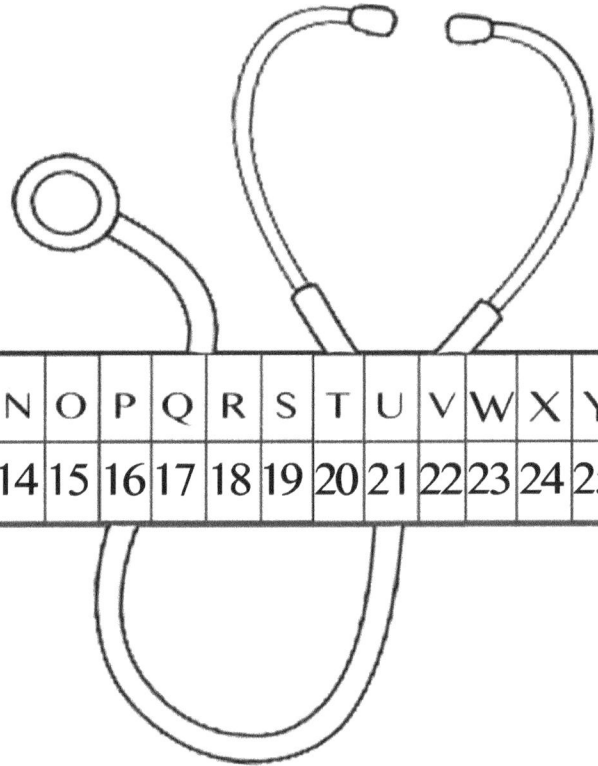

A	B	C	D	E	F	G	H	I	J	K	L	M	N	O	P	Q	R	S	T	U	V	W	X	Y	Z
1	2	3	4	5	6	7	8	9	10	11	12	13	14	15	16	17	18	19	20	21	22	23	24	25	26

__ __ __ __   __ __ __ __ __ __ __ __ __
11 5 5 16   20 18 1 22 5 12 9 14 7

__ __ __ __ __ __ __   __ __ __ __   __ __ __ __ __ __ __
20 8 18 15 21 7 8   25 15 21 18   10 15 21 18 14 5 25

How Many Words Can You Find From Hattie's Journey?

_____   _____

_____   _____

_____   _____

_____   _____

_____   _____

_____   _____

Hattie eating healthy.

Hattie's Journey Word Search

```
O K U N I R S O V T L W E W S F I R Y P
M Y J V S S V C R L A M X N V Q B I B E
O U Q K E I B A N B T L M F I Z T G L U
H B I N C P N U Q L I T T L E C E H Y B
M E L R E S R I D L P D B O R D I T H O
X L D J P S D T X M S Z E B X B A D R Y
I U U L E V L K O S O I N L T P X W E Z
I O A P Z H E M N G H N X C I K G B N M
T N R P T V D L A Y N H O E K D U N Q Z
T Y E K U L D M T A B V R R H G R F D K
F S B P G E S D H L T F E L Y Q O O D W
O P G I C M M W R U L R M Y P P X L Z S
P D V W G I O W C S I S Y L A I D Z X C
Q X Z V A G L J R O Y D F U O I R Q V H
Q I D S Q U S N G G N U F B F X S J A K
```

DIALYSIS

DR RIGHT

ILLNESS

DR BIGGS

MEDICINE

NURSE LITTLE

DR LEFT

HOSPITAL

TRANSPLANT

Hattie's Journey Word Search

```
Q V B Q A S O A Q X B Y C C D L N H L H
S H H T N O V G U O L A L E W W T S U A
C H E E R L E A D I N G S P K N S Z F P
S D W I I V U T M U N T M K J Z C V E P
U D H P L D Y A U Q U O Z X E U P L P I
D M N M B O F Q H N H E C C K T L Q O N
O A X E W R T W E P S G X L Q G B W H E
S L F W I I D E X W G M J C E O D A D S
B Z T W N R Y H E X A O E B P B L B L S
E P Y I L Z F Q X Y X U C R D H H H B L
J Y D H I A D U W P Z U E G A R U O C K
N V O Q S X U O F R V O B Y T S Y N V P
H U F A Q A W H G I Y M U J X G O D Q M
U T B S E Z M F R R A X S L K C K T S S
D E V O L X R B D O A E J D M M Q H R N
```

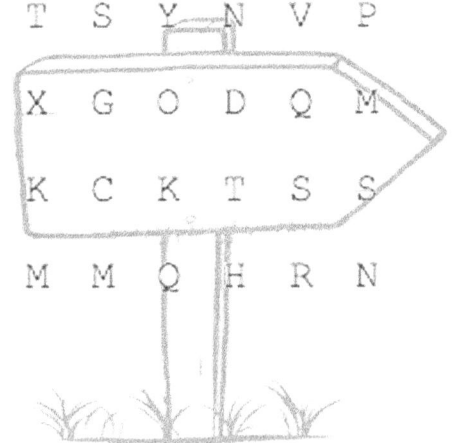

BASKETBALL   CHEERLEADING   COURAGE

DESTUNEE   FAMILY   FRIENDS

HAPPINESS   HOPEFUL

Hattie said, "Thank you mom for giving me a second chance at life."

Unscramble The Words

lnsesil   _____

vole   _____

dimeneci   _____

fthera   _____

Write or draw in what is missing from each picture and color.

Hattie's Journey

Decode The Secret Message

KEEP   TRAVELING
11 5 5 16   20 18 1 22 5 12 9 14 7

THROUGH   YOUR   JOURNEY
20 8 18 15 21 7 8   25 15 21 18   10 15 21 18 14 5 25

Fill In The Missing Letters

1. Kid n e y
2. Tr a ns p l a nt
3. Do c t o r
4. Nu r s e
5. s c h o o l
6. F a m ily
7. J o u rn e y
8. H o s p i t al

Decode The Secret Message

HATTIE   LOVES   HER
8 1 20 20 9 5   12 15 22 5 19   8 5 18

FAMILY   AND   FRIENDS
6 1 13 9 12 25   1 14 4   6 18 9 5 14 4 19

Unscramble The Words

Illness
Love
Medicine
Father

Unscramble The Words

Dr Biggs
Nurse Little
Mother
Hospital

www.ingramcontent.com/pod-product-compliance
Lightning Source LLC
Chambersburg PA
CBHW080538030426
42337CB00023B/4782